책 읽기, 무엇에 좋은 것일까?

한 입 크기 철학 **8**

책 읽기, 무엇에 좋은 것일까?

초판 인쇄 2022년 4월 05일
초판 발행 2022년 4월 10일

지은이 마르틴 가스파로브
그린이 알프레드
옮긴이 이수진
펴낸이 조승식
펴낸곳 돌배나무
공급처 북스힐
등록 제2019-000003호
주소 01043 서울시 강북구 한천로 153길 17
홈페이지 www.bookshill.com
이메일 bookshill@bookshill.com
전화 (02) 994-0071
팩스 (02) 994-0073

정가 9,000원
ISBN 979-11-90855-29-7
ISBN 979-11-90855-25-9(세트)

＊잘못된 책은 구입하신 서점에서 바꿔 드립니다.

Lire, à quoi bon?
Martine Gasparov
Dessins d'Alfred

마르틴 가스파로브 & 알프레드

책 읽기, 무엇에 좋은 것일까?

우리는 읽고 쓰기 위해
태어났을까?

우리는 "사람들이 갈수록 (책이나 글을) 읽지 않는다"라는 말을 숱하게 듣지만, 우리가 온종일 휴대전화에 코를 박고 생활한다는 사실을 잊어서는 안 된다. 읽는다는 것은 무엇일까? 단순히 눈앞의 글자를 해독하고 이해하는 것을 말하는 것일까? 읽는다는 것은 어떤 지적·감정적 활동과 관련되어 있을까? 책을 읽어야 하는 이유는 또 무엇일까? 신기술이 우리에게 제공하는 다양하고 흥미로운 활동들과 비교할 때, 책 읽기라는 시간이 걸리고 지겨운 활동을 꼭 해야 하는 이유는 또 무엇일까?

책 읽기는 일상적인 행위이자, 사회를 조직하고, 우리가 서로 소통하고 일하는 방식을 구성한다. 하지만 인간의 유전자에는 읽는 능력이 따로 새겨지지 않아서 걷기와 달리 읽기는 저절로 학습되지 않는다. 기원전 3500년경 선사시대에서 역사시대로 들어서며 인류는 문자를 발명했다. 따라서 글을 읽는다는 것은 인류의 긴 역사를 놓고 볼 때 비교적 최근에 일어난 현상인 것이다. 문자는 매우 중요한 발명이다. 바퀴나 전기와 같은 신기술의 발명이 아무리 인류에 중요한 공헌을 했다 하더라도 문자와 같은 선상에 놓일 수는 없다.

그렇다면 문자만이 가진 특성은 대체 무엇일까?

읽기와 쓰기는
시간과 공간에 대한 도전일까?

우선 문자는 덧없이 사라져버리는 말을 돌에 단단히 새기기 위한 실체적 도구다. 고대 로마인들은 "말은 사라지지만 글은 남는다verba volant, scripta manent"고 말했다. 글은 흐르는 시간에 대한 도전이다. 글은 귀중한 유산이 파괴되거나 사라지지 않도록 보존하는 역할을 하며, 만약 글이 없다면 말하는 주체와 더불어 사라질 것을 후손에 전달해 읽을 수 있게 한다. 프랑스의 이집트학 연구가인 장 프랑수아 샹폴리옹Jean-François Champollion은 이집트 상형문자를 해독해 그때까지 거의 알려지지 않았던 이집트 문명을 세상에 알렸다. 문자가 없는 민족은 상대적으로 짧고 불안정한 시간성을 지닌다. 이들 민족의 과거는 선조의 말에 의해서만 전해지는 '구전'이라는 특성을 가지는데, 그렇기에 예기치 못한 변화를 겪고 불완전한 인간의 기억에 의존해야 하고, 결국에는 잊히게 된다.

또한 읽기는 공간에 대한 도전이기도 하다. 프랑스 철학자 폴 리쾨르^{Paul Ricœur}에 따르면, 말은 하나의 맥락 아래에서 특정한 청자를 대상으로 하는 반면 글은 '담화의 조건'을 초월한다. 즉 대화 상황과 특정한 표현뿐 아니라 대화 속에 설정된 역사 및 지리학적 맥락까지 초월한다는 것이다.

문자는 읽히는 것, 즉 글에 특정한 자립성과 보편성을 부여한다. 저자의 생각은 그 자체로 제시되고, 수많은 독자의 손에 넘겨져 수많은 해석을 가능하게 한다.

조직과 통제의 도구일까?

하지만 구상예술 작품이 현실의 복사본인 것과는 달리 문자는 단순히 말을 시각적으로 옮겨놓은 것이 아니다. 최초의 글은 산문시나 이야기가 아니라 문제를 제기하고 해결할 새로운 방식을 분류하고, 조직하고, 발전시키도록 도와주는 표와 목록이었다. 저장 물품을 관리하고, 자원의 목록을 작성하고, 식량 부족에 대비하기 위한 것이었다. 문자를 사용하게 되면서 인류의 지적 활동에서 기억력의 문제가 차지하는 비중이 적어졌고 인간의 정신은 기억 이외의 정신적 활동에 신경 쓸 여유가 생겼다. 또한 문자는 언어와 사고의 영역에서도 가능성을 증대시켰다.

즉 분해와 분석, 종합적 사고, 예를 들어 기하학에서의 작도와 같은 것이 가능해졌다.

영국 인류학자 잭 구디Jack Goody에 따르면 글자는 인류가 생각하고 숙고하는 방식뿐 아니라 사회를 조직하고 발전시키는 방식을 전환했다. 그는 "(문자는) 우리 문명의 근간이다. (중략) 소통의 혁신이 불러온 부가적 측면(예를 들어 15세기 인쇄술의 발명처럼)만을 본다는 것은 인류 문명의 탄생에 있어 문자가 지녔던 결정적인 역할을 과소평가하는 것"이라고 말했다.

하지만 문자와 읽기는 무엇보다도 권력의 문제다. 프랑스 인류학자 클로드 레비스트로스Claude Lévi-Strauss는 어떤 형태의 글도 알지 못했던 아메리카 인디언 부족인 남비콰라족에게 일어난 사건을 통해 이를 증명해 보였다. 레비스트로스가 남비콰라족에게 종이와 펜을 나누어 주었는데, 그는 이들이 그림을 그리는 게 아니라 그가 수첩에 적었던 글자를 모방해 구불구불한 선을 그리는 것을 발견했다. 남비콰라족의 우두머리는 잠시 머뭇거린 뒤 자리에서 일어나 모두의 앞에서 서투르게 쓴 글을 읽는 척하며 레비스트로스와 물물교환을 시도했다. 문자의 상징적인 가치와 그 권력을 빠르게 알아챈 우두머리는 그렇게 함으로써 그가 문자를 자유자재로 구사한다는 것을 믿게 하려고 한 것이다. "무엇을 알거나 새겨두거나 이해하려고 하기보다는 다른 사람들을 희생함으로써 한 개인, 혹은 한 지위의 권위나 특권을 높이기 위한 것이다." 글을 읽을 줄 아는 사람은 일반적으로 지식을 보유한 사람일 뿐만 아니라 어떤 대상이나 사람에게 있어 어떠한 '영향력'을 행사한다는 점에서 권력을 가질 수 있다는 것을 의미한다.

읽는 법을 배워야 하는
이유는 무엇일까?

문자가 없는 사회에서 문맹 – 학습의 부족으로 글을 읽을 줄 모르는 것 – 은 아무도 글을 사용하지 못하기 때문에 아무런 문제가 되지 않는다. 하지만 문자에 기초를 두고 만들어진 사회에서는 글을 읽는 것이 필수적이다. 글을 읽을 줄 모르는데 어떻게 SNS를 이용할 수 있을까? 구인공고를 찾아볼 줄도 모르고 이력서와 자기소개서를 쓸 줄도 모르는데 어떻게 인턴 자리나 직장을 구할 수 있을까? 약의 복용 안내문을 읽을 수 없는데 어떻게 자신의 몸을 치료할 수 있을까? 지도를 읽을 줄도 모르는데 어떻게 다른 곳으로 이동할 수 있을까?

　글을 모르는 사람, 다시 말해 학교는 다녔지만 읽기와 쓰기를 제대로 구사하는 데 실패한 사람은 연약하고 타인에 의존적일 수밖에 없다. 대개 이러한 사람들은 우회 전략을 통해 자신의 무능력을 숨기려고 노력하는데, 깊은 불안을 겪고 사회적으로 고립될 수 있다. 현재 프랑스의 경우 인구의 약 10분의 1은 문맹 상태에 놓여 있고, 사회적·정치적 삶에 참여하는 데 어려움을 겪는다고 한다. 대부분의 인터넷 활동이 이용자의 읽는 능력을 필요로 하는 만큼, 인터넷의 발전은 이러한 사회적 소외를 더욱 증대시킨다. 읽을 줄 안다는 것은 사회에 온전히 속한다는 것을 의미할 뿐만 아니라 자신의 선택과 행동에 있어서 독립성과 자유를 가진다는 것을 의미한다. 바로 이러한 이유로 쓰기나 계산과 마찬가지로 읽기가 아동 교육에 있어 결정적이고 기본적인 단계인 것이다.

무엇을 위해
읽어야 할까?

아동이 유아기에서 '후기 아동기'로 발달하는 과정에서 주요하게 작용하는 것이 바로 쓰기와 읽기다. 보통 아동은 7세 무렵에 읽는 법을 배운다. 하지만 읽는다는 것은 단순히 단어의 철자를 말할 줄 아는 것이나 기호를 해독하는 것을 의미하는 게 아니다. 읽는다는 것은 합리적인 판단에 꼭 필요한 도구를 얻기 위한 것이며, 스스로 배우는 것(s'instruire – 이 단어는 '도구를 주다', '필요한 것을 마련해 주다'라는 뜻을 가진 라틴어 instruere에서 유래했다)이다. 우리는 흔히 책에서 많은 것을 배운다고 말한다. 하지만 그것에 앞서 잘 읽는 법을 배울 필요가 있다. 읽기란 수동적으로 정보를 저장하는 것이 아니다. 프랑스 철학자 미셸 드 몽테뉴^{Michel de Montaigne}는 진정한 읽기란 "깔때기 속으로 지식을 부어 넣듯이" 지식을 채우는 데 급급한 것이 아니라 지식을 '소화'하고, 변환하고, 자기 것으로 만드는 과정을 말하며 이를 위해서는 시간이 걸린다고 했다. 예를 들어 한 작품을 읽고 이해한다는 것은 단순히 작가가 적은 것을 그대로 읽는 것을 말하는 게 아니라 읽기를 잠시 멈추고

그것이 담고 있는 생각을 머릿속으로 재구성할 줄 아는 것이며, 그것이 함축하는 것, 쟁점, 문제점을 파악하고 스스로 이해하는 것을 말한다.

책 읽기란 마치 꿀벌이 여러 꽃으로부터 꿀을 만드는 것과 마찬가지로, 본래 타인에게서 부여받은 것을 자신의 것으로 만드는(프랑스어로 '이해하다'라는 단어 'comprendre'는 '자신의 안에 포함하다'라는 의미를 가진다) 내적인 전환에 이르고, 자율적인 판단을 내릴 수 있게 되는 것을 말한다. 수동적인 읽기는 일상생활에서 더 나은 사고와 행동을 위한 지식에 대한 숙련과 반성적 평가를 수반하지 않는다면 아무런 소용이 없다. 인간은 읽기를 통해 더욱 지식을 쌓지만 그로부터 지혜도 얻는다. 다시 말해 읽기는 지속적인 추구와 명상이다. 책 속에서 세상의 모든 진리를 찾을 수 있기 때문에 스스로 생각하지 않아도 된다고 믿는 것은 큰 착각이다. 독일 철학자 임마누엘 칸트^{Emmanuel Kant}에게 있어서 18세기 사조인 계몽주의는 인간이 매여 있는 모든 형태의 정신적 혹은 지적 지침을 과감하고 단호하게 뛰어넘는 것을 말한다.

만약 나의 지적 능력을 대신해 줄 책이 있다면 스스로 생각하는 고생을 군이 할 필요가 있을까? 바로 게으름(스스로 생각하기 위해서는 노력이 필요하기 때문에)과 지적 무기력

(자신이 내린 판단과 실수에 대해 스스로 책임을 져야 하므로)이 우리를 선입견이나 '지도자'의 권위 속에 몸을 숨기게 만든다. 읽기는 읽는 사람의 정신적 삶을 일깨우지 않고 정신적 삶을 대체할 경우 위험해질 수 있다. 책은 생각을 마비시키고 성찰의 운동을 방해할 때 사고에 커다란 방해물이 된다. 20세기 프랑스 사상가 모리스 블랑쇼Maurice Blanchot는 이 성찰의 운동을 지적 발레의 진정한 '파트너'이자 글 주위로 추는 생각의 '가벼운 춤'이라고 말했다.

책 읽기는
고역일까 기쁨일까?

우리는 종종 책을 단순한 학습 도구로만 여기는 실수를 저지른다. 책은 아이들이 읽기를 체험할 수 있는 가장 좋은 수단이다. 한밤중에 이불을 덮어쓰고 한 손에는 램프를 든 채로 가장 좋아하는 히어로의 모험을 따라 그의 영웅담을 읽는 기쁨은 얼마나 큰지! 프랑스 작가 다니엘 페낙Daniel Pennac은 독서를 이렇게 묘사했다. "타닥타닥 빗소리를 피해 숨을 수 있는 피난처, 지하철의 규칙적 소음 속에서 넘어가는 책장이 선사하는 놀라운 침묵, 책상

서랍 구석에 숨겨둔 소설책, 시험을 치르는 학생들 앞에서 짬을 내어 읽는 교사의 독서, 백지 답안을 낼 작정으로 학생이 교실 뒷자리에서 몰래 읽는 책…" 책을 읽을 때 느끼는 감정은 무척이나 강렬하고, 등장인물에게 느끼는 깊은 친밀 감에 때때로 책을 덮지 못할 때도 있다!

우리는 책을 읽으면서 소름이 돋기도 하고, 두려움을 느끼기도 하고, 꿈을 꾸기도 하고, 희망을 품기도 하고, 의심하기도 하고, 혐오감을 느끼기도 하고, 사랑을 품기도 한다. 추리 소설, 판타지 소설, 시, 고전 작품 등 다양한 종류의 독서를 통해 우리는 이토록 폭넓은 감정을 느낄 수 있다. 또한 이해가 어려운 글을 읽으며 '고통을 느낄 수도' 있다. 하지만 대부분 그로부터 몇 년이 지난 뒤에 적절하고 흥미로웠던 것이 너무 빤하게 느껴질 때도 있고, 독특하고 귀중한 것을 더욱더 즐기기도 한다.

좋아했던 책은 평생토록 충실한 친구가 되어준다. 잠시 멀어지거나 잊을 수도 있지만, 결코 나에게서 진정으로 멀리 떨어지지는 않는다. 좋아했던 책은 추억의 일부이자, 심지어는 우리 자신의 일부가 된다. 책이 들려주는 이야기 이외에 그것이 우리에게 남기는 것은 우리가 그것을 읽었던 장소와 날들, 유년 시절의 기억, 책을 권해 주었던 친구의 얼굴이다.

책 읽기는
감옥일까 도피일까?

책을 읽는다는 것은 하던 일을 잠시 멈추고, 자세를 바꾸고, 자리에 있고, 시간을 들이고, 주변의 모든 것을 내버려두고, 앞으로 읽을 책에 자기 자신을 개방하기 위해 세상과 세상의 부산함으로부터 자신을 잠시 격리하는 것과 같다. 이런 의미에서 읽기에는 넘어야 할 일

종의 '문턱'이 존재한다. 우리는 문을 열 듯 책장을 열고, 미지의 집 안으로 들어가듯 책의 목소리와 이야기 속으로 들어간다. 그리고 두 손안의 책에 조금이라도 푹 빠지게 되면 낯선 현상이 발생한다. 나는 내 육체를 잃고 나 자신을 잊게 된다. 나는 글과 책의 세상 속으로 몰입하게 되고, 나를 둘러싼 주변의 것과 나머지는 모두 잊는다. 고대 로마 철학자 세네카Sénèque는 읽기란 "잠시 멈춰서 나와 시간을 보낼 줄 아는 것"이라고 말했다. 따라서 나 자신에게서 멀리 떨어짐으로써 나는 역설적으로 나 자신에게로 가장 가까이 갈 수 있다. 또 프랑스 소설가 마르셀 프루스트Marcel Proust는 이렇게 말했다. "우리는 단지 예술(그리고 독서)을 통해서만 우리 자신에게서 벗어나고, 우리와는 다른 이 세계의 누군가와 (저 먼 행성만큼이나) 우리에게 미지의 영역으로 남아 있을 장소 속 누군가의 시각을 알 수 있다." 그리고 이러한 의미에서 책 읽기는 나를 변화시키거나 세상에 대한 나의 인식을 변화시킨다.

책은 자기 자신이나 주변을 더욱 잘 볼 수 있도록 해주는 안경이나 프리즘과 같다. 책이 없다면 우리는 자기 자신이나 주변을 결코 볼 수 없다. 또한 책은 중심을 이동시키고 타인의 의식에 접근하게 함으로써 자기 자신의 고유한 욕망

이 무엇인지 알게 해주고, 자신이 혐오하는 것을 더욱 잘 이해하게 해주거나, 자신의 감정을 가다듬게 해준다.

르네상스 시대의 이탈리아 사상가 마키아벨리Machiavel는 절망적인 순간에 처할 때면 선조들에게 귀를 기울인다고 했다. "나는 선조들의 사랑 이야기를 읽는다. 그들의 사랑이 나의 사랑을 떠올리게 한다." 바로 작가와 독자 사이의 내밀한 대화, 즉 두 개의 사랑 이야기 사이에서 일어나는 담화가 중요한 것이다. 좋은 독서란 내가 읽은 것을 토대로 내가 만들어내는 해석보다는 타인의 삶에 대해 거리를 두거나 동일시하는 이중적인 활동으로부터 나의 고유한 경험, 기억, 판단, 감정을 내적으로 형성하게 하는 방식에 더 가깝다.

작가의 지혜는 독자의 지혜가 시작되는 곳에서 끝나야 한다. 프루스트에 의하면, "작가가 독자에게 해줄 수 있는 모든 말을 마쳤을 때 비로소 아직 말로 표현하지 않은 감정이 독자의 내부에서 탄생한다." 그러므로 진실을 찾아 한 발자국 더 나가야 하는 것은 오롯이 독자의 몫이다. 독서는 정신적인 삶으로의 입문에 불과하다. 독서는 우리를 정신적인 삶으로 들어오게 해주지만 결코 그 자체가 될 수는 없다.

글은 이 두 영역 사이에 놓인 통로로서 우리가 끊임없이 다양한 삶의 경험 사이를 오가게 해주고, 더욱더 잘 보고,

"책을 활짝 펼쳐라.
책이 환히 빛나게 내버려두어라.
책을 이곳저곳에 두고,
학습하고, 드러내고, 증명하라.
학교의 수를 늘려라.
학교는 문명의 빛나는 지점이다."

빅토르 위고
Victor Hugo

더욱더 잘 생각하는 방법을 배우게 해준다. 독서는 전혀 수동적인 활동이 아니라 강렬한 정신적 활동인 것이다!

책 읽기는
고독한 활동일까?

일반적으로 책 읽기란 타인과 함께 살아가는 법을 배우는 것이다. 독서는 프랑스 철학자 알랭Alain(에밀 샤르티에Emile Chartier의 필명)이 '기념'이라고 불렀던 중요한 행위에 속한다. 타인과 살기 위해, 사는 방법을 알기 위해 꼭 사람으로 태어날 필요는 없다. 책을 읽음으로써 우리는 우리 이전에 살았던 다른 사람들이 행했던 위대하고 아름답고 기념할 만한 일을 기억한다. 그리고 책으로 이들이 인류에 기여한 바를 귀중하게 보존한다. 단순히 정보를 저장하는 것을 말하는 게 아니라 나의 독특한 역사를 구성하기도 하는 집단 기억 속에 이를 저장하는 것이다. 내가 있는 그대로의 나로 존재할 수 있는 것은 개인적인 삶과 결정에 의한 것인 동시에 나를 생겨나게 했던 이들이 수행한 것과 결정한 것의 결과에 의한 것이기도 하다. 예를 들어 나치 독일 점령에 '저항했던' 이들 덕분에 지금의 우리가 자유를 누리는 것처럼 말이다. 과거를 도서관 속에 보존하는 것은 후대의 독서를 통해 과거를 되살리고, 우리가 어디에서 왔고, 우리가 누구인지를 이해하기 위한 자양분이 된다.

교양이란
정확히 무엇일까?

과거의 작품을 읽는다는 것은 우리 이전의 위대한 정신으로부터 영감을 얻게 해줄 뿐만 아니라 이들이 인류에 공헌한 바를 계속해서 기억하고, 인류에 남긴 유산을 돌보고 지켜 나가게 해준다. 프랑스어로 문화, 교양, 재배 등을 의미하는 단어 culture의 사전 속 첫 번째 의미는 '어떤 것을 철저히 살피고 돌보는 것'이다.

교양을 쌓는 것은 또한 어떤 것을 숭배하는 것과 같다. 오늘날 갈릴레이Galilée, 뉴턴Newton, 데카르트Descartes를 비롯한 모든 선조 과학자들의 발견에 기초하지 않고 과학을 하는 것이 과연 가능할까? 알랭이 말한 것처럼 "위인들의 그림자 안에 들어간다는 것"은 자기 고유의 독창성을 죽이는 것이 아니라 오히려 드러내는 것이다. 만약 프랑스 극작가 라신Racine이 고대 그리스 로마 시대를 몰랐더라면 그토록 아

름다운 비극을 써낼 수 있었을까? 영화 〈매트릭스〉 또한 플라톤Platon의 동굴의 우화가 없었다면 탄생할 수 없었을 것이며, 〈매트릭스〉가 인유하고 있는 수많은 고대 신화도 마찬가지다. 하지만 과학을 공부하고, 라신을 읽고, 〈매트릭스〉를 보는 것은 이 작품들이 어디서 왔는지를 우리가 알아야만, 즉 우리가 우리 자신의 교양을 쌓아야만 비로소 의미를 가진다. **문화적 과거는 나의 현재에 활기를 불어넣어 주고, 어떤 것이 그 자체로 존재하게 해주고, 어떤 것에 의미를 부여한다.** 책 읽기를 통해 문화적 과거를 되살리며 우리는 그것을 이해하고, 그것을 토대로 미래를 구축할 수 있다. 따라서 교양을 '쓸모없는 겉치레'로 여기며 독서를 시간 낭비라 생각하는 사람들에게 어떤 대답을 해주어야 할까? 문화적 과거가 우리의 현재와 사회의 근간이라는 것을 확인하기 위해서는 교양도, 책도, 과거의 위대한 정신에 대한 '기념'도 없이 사는 사람을 떠올리는 것만으로 충분하다.

사람들이 더는 위대한 고전을 읽지 않고, 알랭의 표현에 따르면 "위대한 기억과 시, 그리고 장식된 문체"를 잊었다고 가정해 보자. 그러한 사람들은 과거와 미래에 얽매이지 않고 눈앞의 현재만을 산다. 이들은 기투(미래로 자신을 내던지는 실존적 존재 방식)할 줄도, 과거의 행위를 되돌아볼 줄도 모른다. 모두가 지금 이 순간의 자기 자신에 대해서만 걱정하고 원초적인 욕구만을 따르며 단순한 생존을 영위하는 데 그친다. 또한 이들은 자신의 신체가 처한 상황에 대해 두려움, 분노, 슬픔이나 기쁨을 나타낼 수는 있겠지만 스스로 생각하고 숙고하거나 외부 자극에 의해 명령받지 않은 행위를 하는 것은 불가능하다. 만약 인류가 자신에게 전하는 바가 있다는 사실을 알지 못한다면 선조들의 위대한 생각에 대해서도 알지 못할 것이다. 그러므로 과거를 교훈 삼거나 영속시켜 후대에 전할 생각도 하지 못한다.

이렇듯 인간이 과거를 잊는다는 것은 전 인류를 망각하는 것과 마찬가지다. 교양이 없는 인간은 자기 폐쇄적인 존재가 되고, 자기 자신의 욕구에만 관심을 가진다. 인류의 과거 경험과 우리를 연결하는 책, 박물관 혹은 유적을 기억하는 것이 중요한 이유가 바로 여기에 있다. 바로 이러한 기억 덕분에 우리는 자신만의 정체성을 구축하고, 자기 자신을 인간 존재라고 말할 수 있다. 교양은 인간의 역사를 단단히 끌어당겨 주는 끈과 같다. 그리고 우리는 이러한 끈에 몸을 지탱해 살아가고 진보해야 한다.

"제대로 된 독서는
모든 것을 구원한다.
그리고 모든 것에는
자기 자신도 포함된다."

다니엘 페낙
Daniel Pennac

오늘날 독서는
위기에 처했을까?

그러나 20세기 후반의 독일 철학자 한나 아렌트Hannah Arendt의 말을 빌리면, 교양은 '위기'에 처했다. 현대 사회에서 "여가 시간은 더 이상 자신을 계발시키는 것이 아니라 더욱더 소비하는 시간이 되었다. 소비의 태도는 그것이 건드리는 모든 것의 파괴를 불러일으키게 되었다." 책은 그 자체로 '문화적인 산물'이 되었다. 정신적인 가치보다 상품성이 더 중요하게 대두되게 된 것이다. 편집자들은 '베스트셀러'가 될 책만을 원하며, 책이 인류에 어떤 기여를 할지보다는 얼마나 이윤을 낼 것인지를 더욱 중요하게 여긴다.

사색적이고, 객관적이고, 비물질적인 차원에서 본 문화는 한 개인의 생활환경을 초월해 영속성을 띠는 반면 현대성은 상업적이고, 교환이 가능하고, 수익성이 있지만 그로 인해 일시적이고 소멸하기 마련인 소비재에 대한 흥미를 더욱 조장한다. 문화와 여가를 하나로 결합한 소비사회는 문화적 대상을 덧없는 흥밋거리로 바꿔놓았다. 가장 잘 팔리는 책들은 기분 전환용이자 읽기 쉬우며, 사고하는 데 조금의 노력도 들지 않고 금세 잊히는 책들이 되었다.

보편적인 의미의 문화와 특수한 의미의 책은 유행이나 시대와 관련된 사용 가치로 축소되었다. 그러나 교양을 쌓는다는 것은 단순히 예술에 관심을 두거나 책을 많이 읽는다는 것이 아니라 정치적인 방식으로 인간의 생산물의 가치를 판단하고 결정할 줄 안다는 것을 의미한다. 여기서 정치적인 방식이란 자기 자신이나 개인적 이익을 초월하는 관점을 말한다. 이는 "현재와 과거에서 자신과 함께할 사람, 물건, 상념을 고르고(한나 아렌트)", 살 만한 세상을 만드는 것을 말한다.

독서 취향은 여행이나 나들이와 같이 다른 것들에 대해 가지는 것과는 다른 경향을 가진다. 문학은 그것을 읽는 사람을 내적으로 전환할 수 있는 삶의 경험을 제공하고, 세상의 번영과 발맞추고 세상의 성장과 강화에 참여하는 일이다. 작가를 뜻하는 프랑스어 단어 auteur는 '증강하다, 성장시키다'라는 의미의 라틴어에서 유래했다. 프랑스 소설가이자 기자인 다니엘 살나브Danièle Sallenave가 말한 것처럼 "우리는 언제나 우리를 제한하는 것이 아닌 성장시키는 것을 위해, 창조를 위해, (중략) 창조 능력을 증가시키고, 정신적 삶과 사유의 삶을 보장하는 것을 위해 결정해야 한다."

이런 의미에서 책 읽기는 다른 것
과 다를 바 없는 '문화적 관습'이 될 수도 없고, 단순히 시간
을 보낼 수 있는 흥미로운 방식이 될 수도 없다. 디지털의
출현으로 우리는 이 점을 주의 깊게 살펴야 한다. 컴퓨터가
게임과 각종 오락거리의 장이 된 것은 사실이지만, 인터넷
덕에 무수히 많은 책을 읽을 수 있게 된 것도 사실이다. 마
치 아르헨티나 소설가 호르헤 루이스 보르헤스Jorge Luis Borges
가 상상했던 바벨의 도서관처럼 상상할 수 있는 모든 종류
의 기호가 결합한 모든 언어로 된 모든 책들이 존재하기 때
문이다.

신기술이 우리에게 모든 책과 문서에 대한 접근성을 높
여주었다고 하지만 정말로 더 접근이 쉬워졌을까? 고대 그
리스 철학자 플라톤의 저서 《파이드로스》에서 발명의 천재
테우스는 타무스 왕에게 문자를 발명함으로써 망각에 대한
치료제를 찾아냈다고 말한다. 인간의 기억력을 우리의 영혼
바깥의 문서로 '외재화'하면서 망각의 고통에서 벗어날 수
있게 한 것이다. 타무스 왕은 테우스의 천재성을 치하했지
만 테우스는 자신의 발명이 낳은 부작용을 목격한다. 더 이

"우리는 책을 읽을 때
언제나 자기 자신으로부터
약간은 벗어나고,
여행하기를 원한다."

마르셀 프루스트
Marcel Proust

상 지적 노력에 힘을 쏟지 않게 된 인간의 기억력은 점점 감퇴하고 빈약해졌고, 인간은 똑똑해졌다는 착각을 하게 되었다. 문자는 선조의 지식을 보존하고 우리에게 모든 것을 기억하지 않아도 되게 해주었지만 게으른 영혼은 스스로 숙고하는 법을 잊고 기억과 사유활동을 책에 수동적으로 맡기게 되었다. 만약 문자가 그리스어로 약과 독을 동시에 뜻하는 그리스어 단어 파르마콘pharmakon과 같다면 디지털 또한 여러 의미에서 또 다른 파르마콘이다. 디지털은 놀랍도록 많은 데이터를 보유하며 책보다 더욱 효율적이고 편리하지만, 동시에 정보가 너무나도 많아 우리를 쉽게 사로잡고 지적으로 길을 잃게 만든다. 이제 거짓(혹은 페이크)과 진실을 구

별하고, 읽고 있는 내용을 잘 이해하려면 어떻게 해야 할까? 인터넷을 검색할 때 우리는 수많은 데이터와 지식의 파도를 서로 관계 짓고 연결하는 데 어려움을 느끼고 종종 길을 잃는다. 인터넷에서 우리가 방향성을 잃는 이유는 책은 페이지를 넘기며 흐름을 따라갈 수 있는 반면, 인터넷상에서의 읽기는 비선형적이기 때문이다. 또한 손쉬운 클릭 한 번으로 수많은 갈림길로 빠지기 때문이다. 인터넷 서핑을 할 때 우리는 무엇이 중요하고 무엇이 중요하지 않은지, 무엇이 믿을 만하고 무엇이 그렇지 않은지를 판단하는 데 어려움을 느끼기도 한다.

"읽을 줄 아는 사람은
두 배 더 잘 본다."

메난드로스
Ménandre

우리는 '디지털 이성'의
시대로 가고 있을까?

　　　　　　　　　디지털은 매우 좋은 도구가 될 수 있지만 프랑스 철학자 베르나르 스티글레르Bernard Stiegler에 따르면 인간의 진정한 '프롤레타리아화'이기도 하다. 프롤레타리아화란 노동자의 노동환경에 관련해 19세기 카를 마르크스Karl Marx가 주장한 개념으로 인간이 기계를 위해 일하는 노예로 전락하는 것뿐만 아니라 인간의 고유한 능력까지 빼앗기는 것을 의미한다. 실제로 디지털에 관련해 문제가 되는 것은 앞서 문자의 탄생과 함께 살펴본 기억력의 외재화가 다가 아니다. 추론, 분석 능력 혹은 정보를 종합하는 능력과 같은 이성적 사유 능력의 외재화 또한 문제가 된다. 이제는 알고리즘이 우리의 '생각'을 대신해 주는 시대가 되었다. 디지털을 발전시키고, 수동적이고 맹목적으로 디지털을 믿으면서 인간은 스스로 두 가지 운명에 처하게 되었다.

　하나는 더 이상 자율적으로 사고하지 않고 집중력과 같은 후천적 능력을 잃게 된 것이다. 책 읽기에 요구되는 집중력은 길고 느린 정신적 노력을 필요로 하는데 현대 기술에 관련한 파편화, 속도, 편의로 인해 끊임없이 방해를 받는다. 쉬지 않고 뜨는 이메일 알림과 지속적으로 유혹하는 광고에 의해 방해를 받으면서 모니터로 까다로운 글을 집중력 있게 읽어내는 것이 어떻게 가능할까?

또 다른 하나는 복잡하고 지긋지긋한 작업을 알고리즘과 모든 종류의 인공지능에 맡기면서 인간은 기계가 자신을 대신해 선택의 방향을 결정하도록 스스로 선택했다는 것이다. 하지만 이는 인간의 자주성과 상상력, 자유와 욕망까지 위협하는 것이다. 경로, 음악, 영화와 같이 나의 평소 습관에 따라 모든 것이 프로그래밍된다면 내가 원하는 것이 정확히 무엇인지 어떻게 알 수 있을까?

잭 구디는 문자의 탄생이 인류 문명에 불러온 깊은 변화를 말하면서 '그래픽 이성(그래픽-graphic은 '글을 쓰다'라는 뜻을 가진 그리스어 'graphein'에서 유래했다)'이라는 표현을 썼다. 여기서 더 나아가 오늘날은 '디지털 이성(계산하고, 최적화하고, 이성적으로 다루는)'이라고 말할 수 있다. 디지털 이성은 인간 사회를 근본적으로 바꾸고, 타인과의 관계를 변화시킬 뿐만 아니라 자기 자신, 그리고 자신의 감정과 사유하는 방식까지 변화시킨다.

그러나 인간은 인간 사회에 발전을 가져오지만 동시에 인간 사회를 위협하는 것으로 축소되지 않을 만한 능력을 갖추고 있다. 디지털은 점점 더 커다란 계산적 논리와 기술

"당신을 물어뜯고
찌르는 책들만을
읽어야 한다..."

프란츠 카프카
Franz Kafka

적 논리로 우리를 이끌지만, 인간의 의식은 이성적으로 판단하는 능력을 여전히 보존하고 있다. 인간은 인류와 인류의 아름다움과 연약함, 중대함과 풍요로움을 만들어낸 감정적이고 도덕적인 기준에 따라 선택을 내릴 수 있는 존재다.

그리고 바로 이런 점에서 책 읽기는 근본적으로 사회적이고 실존적인 문제이고 우리가 어떤 존재가 되길 원하는지, 또 어떤 사회 속에서 살고 싶은지를 끊임없이 숙고하게 하는 기회를 제공한다.

소금이 음식의 풍미를 더욱 끌어올려 주듯, 책 읽기는 삶을 북돋워 준다. 그리고 무엇보다도 우리 자신이 지금보다 더 나은 존재가 될 수 있도록 끌어올려 주는 것이다.

le bruit qu'avait fait d'Artagnan

que d'Artagnan aimait Milady com...

ns du monde ...